AMBITIEUSE

Textes par Elyrosechannel.
Design et illustrations par Gaëlle Lamoureux.
Mise en pages par Bénédicte Souffrant – PCA-CMB.

ISBN : 978-2-492847-22-6

www.editions-tredaniel.com
info@guytredaniel.fr
www.facebook.com/editions.tredaniel
@goodmooddealer
www.goodmooddealer.fr

@Elyrosechannel

Illustré par Gaëlle Lamoureux

AMBITIEUSE

GOOD MOOD DEALER
By EXERGUE
27, rue des Grands-Augustins
75006 Paris

SOMMAIRE

INTRODUCTION

Nous avons toutes besoin d'un petit coup de BOOST, d'une petite voix qui nous met un coup de pied aux fesses pour aller plus loin. Plus loin dans le DÉVELOPPEMENT DE SOI, dans notre approche des autres ou encore dans le *self-love*.

Ces cartes sont l'outil qui te guidera au QUOTIDIEN et t'aidera à trouver ton harmonie de façon ludique. Un outil qui te permettra de t'AUTO-COACHER pour te sentir bien et en adéquation avec qui tu es vraiment.

Méditation, organisation, temps pour soi, ambition, intuition, énergie, go girl, les différentes catégories t'aideront à developper toutes tes plus belles facettes.

Au travers de défis, d'exercices, de citations, il t'accompagnera au quotidien afin de donner le ton de tes journées.

Suis les cartes et tu y trouveras un BÉNÉFICE certain très rapidement.

De quoi est composé ce coffret ?

7 CATÉGORIES

MÉDITATION

ORGANISATION

TEMPS POUR SOI

AMBITION

INTUITION

ÉNERGIE

GO GIRL

Chaque jour, laisse ton intuition ou ton mood du moment guider ton choix de deux catégories.

MÉDITATION

La charge mentale est dure à supporter en ce moment ? Cette catégorie est primordiale.

ORGANISATION

L'organisation c'est la clef alors on t'oriente et te rappelle les bases à maîtriser.

TEMPS POUR SOI

Parce qu'on en manque, il faut s'en créer.

AMBITION

Confiance en soi et objectifs sont les maîtres-mots de cette catégorie.

INTUITION

Travailler son intuition, apprendre à être à l'écoute de soi, des autres et du monde qui nous entoure.

ÉNERGIE

Te permettra de te sentir mieux mais aussi de développer ton ouverture aux autres.

GO GIRL

La catégorie qui te booste et te fait sortir de ta zone de confort.

UN MESSAGE POUR TOI

SCANNE LE QR CODE

« L'unique personne qui t'accompagne
toute ta vie, c'est toi-même !
Sois vivante dans tout ce que tu fais. »

Pablo Picasso

QUI SOMMES-NOUS ?

Entrepreneures, mamans, amies, nous avons à cœur de faire partager chaque jour sur nos réseaux sociaux respectifs nos *good vibes*, nos projets et notre quotidien de femmes.

« L'idée de ce projet est née de l'envie d'aider les femmes à se sentir mieux dans leur peau, à se booster au quotidien et à vivre leur vie pleinement. »

Cette collaboration avec GOOD MOOD DEALER nous est apparue comme une évidence : nous partageons les mêmes valeurs et le même objectif qu'est celui de donner le sourire et de motiver ceux qui nous suivent.

ELYSSA, AUTEURE

Elyssa plus connue sous le nom de Elyrosechannel sur les réseaux est une maman de deux enfants, créatrice de contenus et podcasteuse qui aime insuffler aux femmes qui l'entourent l'idée que tout est possible.

@elyrosechannel

YouTube ElyRose

GAËLLE, ILLUSTRATRICE

Graphiste, illustratrice et créatrice digitale, Gaëlle partage sa vie d'entrepreneure de façon amusante et décomplexée.
Cette bretonne pure souche partage ses *good vibes* et ça fait du bien !

@gaelle_lamoureux

www.gaelle-lamoureux.fr

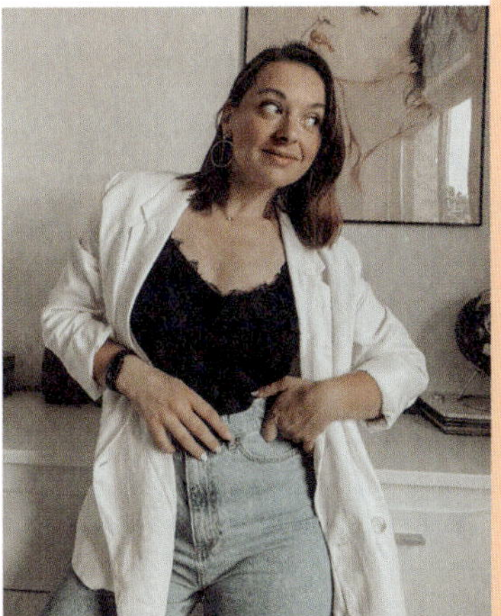

COMMENT UTILISER LES CARTES ?

Chaque jour laisse-toi guider par ton intuition, pense à une que
tion, une idée, un projet... ce que tu veux en fait ! Et tire une car
dans deux catégories différentes qui t'inspirent.
Il n'y a pas de véritable règle pour tirer tes cartes, alors n'hési
pas à développer TA propre façon de le faire.

Ne réfléchis pas et pioche ! Ensuite il te suffit simplement de suiv
ce que t'indiquent les cartes et de les laisser guider ta journée.

**LE BUT EST DE TROUVER UNE DIRECTION ET UNE VIBE POUR T
JOURNÉE, TES PROCHAINES SEMAINES OU LE MOIS QUI ARRIVE**

LES OUTILS

Pour t'aider à atteindre tes objectifs voici quelques **OUTILS** pour t'accompagner au quotidien.

On dit qu'il faut 21 jours pour prendre une nouvelle habitude, nous te proposons de tenir tes résolutions 7 jours de plus pour être sûre !

Les pages suivantes te proposent des outils astucieux qui peuvent t'accompagner au quotidien. Ils te permettront de suivre ton évolution de façon ludique et d'être encore plus fière du chemin parcouru.

Tu trouveras **28 FICHES DÉTACHABLES** pour approfondir ton suivi et t'accompagner au mieux dans ta transformation.

Mais aussi...

MA ROUTINE DU MATIN

- Je me suis levée à : ....
- Ma première pensée : ....
- Mon humeur du jour : ....

MON PETIT DÉJ

OBJECTIF DU JOUR

MA ROUTINE DU SOIR

- Je me couche à : ....
- Ma dernière pensée : ....
- Mon humeur du soir : ....

MES KIFFS DU JOUR

MON JOURNAL

DATE : ....

MON JOURNAL

DATE : ....

LE VISION BOARD

Pose tes cartes dans ton environnement pour visualiser la direction que tu dois prendre et garder ton cap. Avoir quotidiennement tes objectifs sous les yeux est un moyen de ne pas les perdre de vue.

Ton humeur dépend souvent de ce qui t'entoure. C'est la loi de l'attraction. Avoir tes cartes sous les yeux va te permettre de susciter des émotions positives et de générer des actions dans le présent.

LES TRACKERS

Les trackers sont là pour que tu puisses réaliser un suivi de ton évolution. Chaque jour, fais le point sur ton mood et ton ressenti concernant les différentes thématiques.

Ils t'aideront à faire le bilan de cette expérience et à pointer les points sur lesquels il faut encore travailler.

TRACKER

ÉNERGIE

1 2 3 4 5 6 7 8 9 10 11 12 13 14 15 16 17 18 19 20 21 22 23 24 25 26 27 28

INTUITION

1 2 3 4 5 6 7 8 9 10 11 12 13 14 15 16 17 18 19 20 21 22 23 24 25 26 27 28

AMBITION

1 2 3 4 5 6 7 8 9 10 11 12 13 14 15 16 17 18 19 20 21 22 23 24 25 26 27 28

TEMPS POUR SOI

1 2 3 4 5 6 7 8 9 10 11 12 13 14 15 16 17 18 19 20 21 22 23 24 25 26 27 28

GO GIRL

1 2 3 4 5 6 7 8 9 10 11 12 13 14 15 16 17 18 19 20 21 22 23 24 25 26 27 28

ORGANISATION

1 2 3 4 5 6 7 8 9 10 11 12 13 14 15 16 17 18 19 20 21 22 23 24 25 26 27 28

MÉDITATION

1 2 3 4 5 6 7 8 9 10 11 12 13 14 15 16 17 18 19 20 21 22 23 24 25 26 27 28

TRACKER

DATE : ....

CATÉGORIE(S) TIRÉE(S) ?

- Énergie
- Méditation
- Ambition
- Go girl
- Temps pour soi
- Intuition
- Organisation

MOOD DU JOUR

CARTES DU JOUR

RÉALISÉE ?

1. .... ●

2. .... ●

BILAN

Ce que ça m'a apporté : ....

....

....

TRACKER

DATE : ....

CATÉGORIE(S) TIRÉE(S) ?

- Énergie
- Méditation
- Ambition
- Go girl
- Temps pour soi
- Intuition
- Organisation

MOOD DU JOUR

CARTES DU JOUR

RÉALISÉE ?

1. .... ●

2. .... ●

BILAN

Ce que ça m'a apporté : ....

....

....

TRACKER

DATE : ....

CATÉGORIE(S) TIRÉE(S) ?

- Énergie
- Méditation
- Ambition
- Go girl
- Temps pour soi
- Intuition
- Organisation

MOOD DU JOUR

CARTES DU JOUR

RÉALISÉE ?

1. .... ●

2. .... ●

BILAN

Ce que ça m'a apporté : ....

....

....

TRACKER

DATE : ....

CATÉGORIE(S) TIRÉE(S) ?

- Énergie
- Méditation
- Ambition
- Go girl
- Temps pour soi
- Intuition
- Organisation

MOOD DU JOUR

CARTES DU JOUR

RÉALISÉE ?

1. .... ●

2. .... ●

BILAN

Ce que ça m'a apporté : ....

....

....

TRACKER

DATE : ....

CATÉGORIE(S) TIRÉE(S) ?

- Énergie
- Méditation
- Ambition
- Go girl
- Temps pour soi
- Intuition
- Organisation

MOOD DU JOUR

CARTES DU JOUR

RÉALISÉE ?

1. .... ●
2. .... ●

BILAN

Ce que ça m'a apporté : ....

....

....

TRACKER

DATE : ....

CATÉGORIE(S) TIRÉE(S) ?

- Énergie
- Méditation
- Ambition
- Go girl
- Temps pour soi
- Intuition
- Organisation

MOOD DU JOUR

CARTES DU JOUR

RÉALISÉE ?

1. .... ●

2. .... ●

BILAN

Ce que ça m'a apporté : ....

....

....

TRACKER

DATE : ....

CATÉGORIE(S) TIRÉE(S) ?

- Énergie
- Méditation
- Ambition
- Go girl
- Temps pour soi
- Intuition
- Organisation

MOOD DU JOUR

CARTES DU JOUR

RÉALISÉE ?

1. .... ●

2. .... ●

BILAN

Ce que ça m'a apporté : ....

....

....

TRACKER

DATE : ....

CATÉGORIE(S) TIRÉE(S) ?

- Énergie
- Méditation
- Ambition
- Go girl
- Temps pour soi
- Intuition
- Organisation

MOOD DU JOUR

CARTES DU JOUR

RÉALISÉE ?

1. .... ●
2. .... ●

BILAN

Ce que ça m'a apporté : ....

....

....

TRACKER

DATE : ....

CATÉGORIE(S) TIRÉE(S) ?

- Énergie
- Méditation
- Ambition
- Go girl
- Temps pour soi
- Intuition
- Organisation

MOOD DU JOUR

CARTES DU JOUR

RÉALISÉE ?

1. ....

2. ....

BILAN

Ce que ça m'a apporté : ....

....

....

TRACKER

DATE : ....

CATÉGORIE(S) TIRÉE(S) ?

- Énergie
- Méditation
- Ambition
- Go girl
- Temps pour soi
- Intuition
- Organisation

MOOD DU JOUR

CARTES DU JOUR

RÉALISÉE ?

1. ....

2. ....

BILAN

Ce que ça m'a apporté : ....

....

....

TRACKER

DATE : ....

CATÉGORIE(S) TIRÉE(S) ?

- Énergie
- Méditation
- Ambition
- Go girl
- Temps pour soi
- Intuition
- Organisation

MOOD DU JOUR

CARTES DU JOUR

RÉALISÉE ?

1. .... ●

2. .... ●

BILAN

Ce que ça m'a apporté : ....

....

....

TRACKER

DATE : ....

CATÉGORIE(S) TIRÉE(S) ?

- Énergie
- Méditation
- Ambition
- Go girl
- Temps pour soi
- Intuition
- Organisation

MOOD DU JOUR

CARTES DU JOUR

RÉALISÉE ?

1. .... ●

2. .... ●

BILAN

Ce que ça m'a apporté : ....

....

....

TRACKER

DATE : ....

CATÉGORIE(S) TIRÉE(S) ?

- Énergie
- Méditation
- Ambition
- Go girl
- Temps pour soi
- Intuition
- Organisation

MOOD DU JOUR

CARTES DU JOUR

RÉALISÉE ?

1. .... ●

2. .... ●

BILAN

Ce que ça m'a apporté : ....

....

....

TRACKER

DATE : ....

CATÉGORIE(S) TIRÉE(S) ?

- Énergie
- Méditation
- Ambition
- Go girl
- Temps pour soi
- Intuition
- Organisation

MOOD DU JOUR

CARTES DU JOUR

RÉALISÉE ?

1. ....
2. ....

BILAN

Ce que ça m'a apporté : ....

....

....

TRACKER

DATE : ....

CATÉGORIE(S) TIRÉE(S) ?

- Énergie
- Méditation
- Ambition
- Go girl
- Temps pour soi
- Intuition
- Organisation

MOOD DU JOUR

CARTES DU JOUR

RÉALISÉE ?

1. .... ●

2. .... ●

BILAN

Ce que ça m'a apporté : ....

....

....

TRACKER

DATE : ....

CATÉGORIE(S) TIRÉE(S) ?

- Énergie
- Méditation
- Ambition
- Go girl
- Temps pour soi
- Intuition
- Organisation

MOOD DU JOUR

CARTES DU JOUR

RÉALISÉE ?

1. ....

2. ....

BILAN

Ce que ça m'a apporté : ....

....

....

TRACKER

DATE : ....

CATÉGORIE(S) TIRÉE(S) ?

- Énergie
- Méditation
- Ambition
- Go girl
- Temps pour soi
- Intuition
- Organisation

MOOD DU JOUR

CARTES DU JOUR

RÉALISÉE ?

1. .... ●

2. .... ●

BILAN

Ce que ça m'a apporté : ....

....

....

TRACKER

DATE : ....

CATÉGORIE(S) TIRÉE(S) ?

- Énergie
- Méditation
- Ambition
- Go girl
- Temps pour soi
- Intuition
- Organisation

MOOD DU JOUR

CARTES DU JOUR

RÉALISÉE ?

1. .... ●

2. .... ●

BILAN

Ce que ça m'a apporté : ....

....

....

TRACKER

DATE : ....

CATÉGORIE(S) TIRÉE(S) ?

- Énergie
- Méditation
- Ambition
- Go girl
- Temps pour soi
- Intuition
- Organisation

MOOD DU JOUR

CARTES DU JOUR

RÉALISÉE ?

1. .... ●

2. .... ●

BILAN

Ce que ça m'a apporté : ....

....

....

TRACKER

DATE : ....

CATÉGORIE(S) TIRÉE(S) ?

- Énergie
- Méditation
- Ambition
- Go girl
- Temps pour soi
- Intuition
- Organisation

MOOD DU JOUR

CARTES DU JOUR

RÉALISÉE ?

1. .... ●

2. .... ●

BILAN

Ce que ça m'a apporté : ....

....

....

TRACKER

DATE : ....

CATÉGORIE(S) TIRÉE(S) ?

- Énergie
- Méditation
- Ambition
- Go girl
- Temps pour soi
- Intuition
- Organisation

MOOD DU JOUR

CARTES DU JOUR

RÉALISÉE ?

1. ....
2. ....

BILAN

Ce que ça m'a apporté : ....

....

....

TRACKER

DATE : ....

CATÉGORIE(S) TIRÉE(S) ?

- Énergie
- Méditation
- Ambition
- Go girl
- Temps pour soi
- Intuition
- Organisation

MOOD DU JOUR

CARTES DU JOUR

RÉALISÉE ?

1. ....

2. ....

BILAN

Ce que ça m'a apporté : ....

....

....

TRACKER

DATE : ....

CATÉGORIE(S) TIRÉE(S) ?

- Énergie
- Méditation
- Ambition
- Go girl
- Temps pour soi
- Intuition
- Organisation

MOOD DU JOUR

😀 🙂 😐 🙁

CARTES DU JOUR

RÉALISÉE ?

1. .... ●

2. .... ●

BILAN

Ce que ça m'a apporté : ....

....

....

TRACKER

DATE : ....

CATÉGORIE(S) TIRÉE(S) ?

- Énergie
- Méditation
- Ambition
- Go girl
- Temps pour soi
- Intuition
- Organisation

MOOD DU JOUR

CARTES DU JOUR

RÉALISÉE ?

1. ....

2. ....

BILAN

Ce que ça m'a apporté : ....

....

....

TRACKER

DATE : ....

CATÉGORIE(S) TIRÉE(S) ?

- Énergie
- Méditation
- Ambition
- Go girl
- Temps pour soi
- Intuition
- Organisation

MOOD DU JOUR

CARTES DU JOUR

RÉALISÉE ?

1. .... ●

2. .... ●

BILAN

Ce que ça m'a apporté : ....

....

....

TRACKER

DATE : ....

CATÉGORIE(S) TIRÉE(S) ?

- Énergie
- Méditation
- Ambition
- Go girl
- Temps pour soi
- Intuition
- Organisation

MOOD DU JOUR

CARTES DU JOUR

RÉALISÉE ?

1. ....

2. ....

BILAN

Ce que ça m'a apporté : ....

....

....

TRACKER

DATE : ……………………………………………

CATÉGORIE(S) TIRÉE(S) ?

- Énergie
- Méditation
- Ambition
- Go girl
- Temps pour soi
- Intuition
- Organisation

MOOD DU JOUR

CARTES DU JOUR

RÉALISÉE ?

1. ……………………………………………

2. ……………………………………………

BILAN

Ce que ça m'a apporté : ……………………………

……………………………………………………

……………………………………………………

TRACKER

DATE : ....

CATÉGORIE(S) TIRÉE(S) ?

- Énergie
- Méditation
- Ambition
- Go girl
- Temps pour soi
- Intuition
- Organisation

MOOD DU JOUR

CARTES DU JOUR

RÉALISÉE ?

1. .... ●

2. .... ●

BILAN

Ce que ça m'a apporté : ....

....

....

TO-DO LIST

PRIORITÉS

- ....
- ....
- ....

○ ....
○ ....
○ ....
○ ....
○ ....
○ ....
○ ....
○ ....
○ ....
○ ....

TO-DO LIST

PRIORITÉS

- ....
- ....
- ....

○ ....
○ ....
○ ....
○ ....
○ ....
○ ....
○ ....
○ ....
○ ....
○ ....

TO-DO LIST

PRIORITÉS

- ....
- ....
- ....

- ○ ....
- ○ ....
- ○ ....
- ○ ....
- ○ ....
- ○ ....
- ○ ....
- ○ ....
- ○ ....
- ○ ....

TO-DO LIST

PRIORITÉS

- ....
- ....
- ....

○ ....
○ ....
○ ....
○ ....
○ ....
○ ....
○ ....
○ ....
○ ....
○ ....

TO-DO LIST

PRIORITÉS

- ....
- ....
- ....

- ○ ....
- ○ ....
- ○ ....
- ○ ....
- ○ ....
- ○ ....
- ○ ....
- ○ ....
- ○ ....
- ○ ....

TO-DO LIST

PRIORITÉS

- ....
- ....
- ....

○ ....
○ ....
○ ....
○ ....
○ ....
○ ....
○ ....
○ ....
○ ....
○ ....

TO-DO LIST

PRIORITÉS

TO-DO LIST

PRIORITÉS

- ....
- ....
- ....

○ ....

○ ....

○ ....

○ ....

○ ....

○ ....

○ ....

○ ....

○ ....

○ ....

TO-DO LIST

PRIORITÉS

- ....
- ....
- ....

- ○ ....
- ○ ....
- ○ ....
- ○ ....
- ○ ....
- ○ ....
- ○ ....
- ○ ....
- ○ ....
- ○ ....

TO-DO LIST

PRIORITÉS

- ……………………………………………
- ……………………………………………
- ……………………………………………

- ○ ……………………………………………
- ○ ……………………………………………
- ○ ……………………………………………
- ○ ……………………………………………
- ○ ……………………………………………
- ○ ……………………………………………
- ○ ……………………………………………
- ○ ……………………………………………
- ○ ……………………………………………
- ○ ……………………………………………

TO-DO LIST

PRIORITÉS

- ....
- ....
- ....

- ○ ....
- ○ ....
- ○ ....
- ○ ....
- ○ ....
- ○ ....
- ○ ....
- ○ ....
- ○ ....
- ○ ....

TO-DO LIST

PRIORITÉS

- ....
- ....
- ....

- ○ ....
- ○ ....
- ○ ....
- ○ ....
- ○ ....
- ○ ....
- ○ ....
- ○ ....
- ○ ....
- ○ ....

TRIE

Pièces à désencombrer	Date

JE SUIS PLUS FORTE QUE CE QUE JE CROIS

TRIE

Pièces à désencombrer	Date

J´AVANCE Á MON RYTHME

TRIE

Pièces à désencombrer	Date
•	
•	
•	
•	
•	
•	
•	
•	
•	
•	
•	
•	

JE FAIS DE
MON MIEUX
Á CHAQUE INSTANT

TRIE

Pièces à désencombrer	Date

RIEN N'EST
FACILE
MAIS TOUT EST
POSSIBLE

RÉORGANISE

Je réorganise	Date

NE RÊVE PAS
TA VIE,
VIS TES RÊVES

RÉORGANISE

Je réorganise	Date

CHAQUE JOUR EST
UNE NOUVELLE
CHANCE
D'Y ARRIVER

RÉORGANISE

Je réorganise	Date

NE COMPTE PAS
LES JOURS, FAIS
QUE LES JOURS
COMPTENT

RÉORGANISE

Je réorganise	Date

-
-
-
-
-
-
-
-
-
-
-
-

IL N'EST JAMAIS
TROP TARD
POUR DEVENIR
CE QUE TU
AURAIS PU ÊTRE